Go for it!

vom :   __.__.____
bis zum: __.__.____

Inhalt

Seite

Seite

Halbjahresplanung:
Trage hier die Monate ein und kennzeichne die einzelnen Tage farblich, z.B. für deinen Urlaub, Geburtstage, Events, Familienfeste und/oder mehr.

Monat:

Monat:

Monat:

Monat:

Monat:

Monat:

Monat: _____

Monat: _____

Monat: _____

Monat: _____

Monat: _____

Monat: _____

Halbjahresplanung:
Trage hier die Monate ein und kennzeichne die einzelnen Tage farblich, z.B. für deinen Urlaub, Geburtstage, Events, Familienfeste und/oder mehr.

Monat:

Monat:

Monat:

Monat:

Monat:

Monat:

Monat: _____

_____
_____
_____
_____
_____

Monat: _____

_____
_____
_____
_____
_____

Monat: _____

_____
_____
_____
_____
_____

Monat: _____

_____
_____
_____
_____
_____

Monat: _____

_____
_____
_____
_____
_____

Monat: _____

_____
_____
_____
_____
_____

Elevator Pitch

Bevor wir mit dem Workbook so richtig loslegen, ist es wichtig, dass du einen knackigen Elevator Pitch parat hast.

Was ist ein Elevator Pitch?

Das ist ein Mini-Statement, das in maximal vier Sätzen ausdrückst, was du tust und das so, dass man Lust auf mehr bekommt.

Also im Prinzip so, dass du es im Fahrstuhl zwischen der dritten und der sechsten Etage bei deinem Gegenüber anbringen kannst. (Ab heute wirst du nie mehr unschuldig Fahrstuhl fahren können, ohne darüber nachzudenken und zu schmunzeln...)

Genau richtig, einen Elevator Pitch muss man kreieren und wenn du schon ein Profi bist, kannst du jetzt auf diesen Seiten noch ein bisschen daran herum feilen und es perfektionieren.

Als kleine Unterstützung findest du auf der anderen Seite die AIDA Methode in Miniaturausführung. ☺

Attention	Interrest	Desire	Ation
Aufmerksam keit wecken.	**Interesse erzeugen.**	**Verlangen (Desire) auslösen.**	**Zum Handeln einladen (Aktion)**
Was ist das Besondere an deinem Angebot?	Was macht es einzig- artig, mit dir zu arbeiten?	Wie profitiert dein Gegen- über davon?	Dein Apell: Jetzt starten! Wofür stehst du auf?

Mach dir Notizen:

mein Sponsor _____

seit: _____ Adresse: _____ Geb.Datum: _____ Email: _____	PIN: _____ _____:_____ Beziehung: _____
Produkt: _____ Anfangs-Ziel: _____ Generelles Ziel: _____ Bis: _____	Potential ◇ ◇ ◇ ◇ ◇ Geschäft-Chance: _____

Interessen/ nächste Schritte:
_____
_____
_____
_____

meine Upline _____

seit: _____ Adresse: _____ Geb.Datum: _____ Email: _____	PIN: _____ _____:_____ Beziehung: _____
Produkt: _____ Anfangs-Ziel: _____ Generelles Ziel: _____ Bis: _____	Potential ◇ ◇ ◇ ◇ ◇ Geschäft-Chance: _____

Interessen/ nächste Schritte:
_____
_____
_____
_____

	Marianne Müller																		
1	■	☐	☐	☐	☐	☐	☐	☐	☐	☐	☐	☐	☐	☐	☐	☐	☐	☐	☐
2	☐	☐	☐	☐	☐	☐	☐	☐	☐	☐	☐	☐	☐	☐	☐	☐	☐	☐	☐
3	☐	☐	☐	☐	☐	☐	☐	☐	☐	☐	☐	☐	☐	☐	☐	☐	☐	☐	☐
4	☐	☐	☐	☐	☐	☐	☐	☐	☐	☐	☐	☐	☐	☐	☐	☐	☐	☐	☐
5	☐	☐	☐	☐	☐	☐	☐	☐	☐	☐	☐	☐	☐	☐	☐	☐	☐	☐	☐
6	☐	☐	☐	☐	☐	☐	☐	☐	☐	☐	☐	☐	☐	☐	☐	☐	☐	☐	☐
7	☐	☐	☐	☐	☐	☐	☐	☐	☐	☐	☐	☐	☐	☐	☐	☐	☐	☐	☐
8	☐	☐	☐	☐	☐	☐	☐	☐	☐	☐	☐	☐	☐	☐	☐	☐	☐	☐	☐
9	☐	☐	☐	☐	☐	☐	☐	☐	☐	☐	☐	☐	☐	☐	☐	☐	☐	☐	☐
10	☐	☐	☐	☐	☐	☐	☐	☐	☐	☐	☐	☐	☐	☐	☐	☐	☐	☐	☐
11	☐	☐	☐	☐	☐	☐	☐	☐	☐	☐	☐	☐	☐	☐	☐	☐	☐	☐	☐
12	☐	☐	☐	☐	☐	☐	☐	☐	☐	☐	☐	☐	☐	☐	☐	☐	☐	☐	☐
13	☐	☐	☐	☐	☐	☐	☐	☐	☐	☐	☐	☐	☐	☐	☐	☐	☐	☐	☐
14	☐	☐	☐	☐	☐	☐	☐	☐	☐	☐	☐	☐	☐	☐	☐	☐	☐	☐	☐
15	☐	☐	☐	☐	☐	☐	☐	☐	☐	☐	☐	☐	☐	☐	☐	☐	☐	☐	☐
16	☐	☐	☐	☐	☐	☐	☐	☐	☐	☐	☐	☐	☐	☐	☐	☐	☐	☐	☐
17	☐	☐	☐	☐	☐	☐	☐	☐	☐	☐	☐	☐	☐	☐	☐	☐	☐	☐	☐
18	☐	☐	☐	☐	☐	☐	☐	☐	☐	☐	☐	☐	☐	☐	☐	☐	☐	☐	☐
19	☐	☐	☐	☐	☐	☐	☐	☐	☐	☐	☐	☐	☐	☐	☐	☐	☐	☐	☐
20	☐	☐	☐	☐	☐	☐	☐	☐	☐	☐	☐	☐	☐	☐	☐	☐	☐	☐	☐
21	☐	☐	☐	☐	☐	☐	☐	☐	☐	☐	☐	☐	☐	☐	☐	☐	☐	☐	☐
22	☐	☐	☐	☐	☐	☐	☐	☐	☐	☐	☐	☐	☐	☐	☐	☐	☐	☐	☐
23	☐	☐	☐	☐	☐	☐	☐	☐	☐	☐	☐	☐	☐	☐	☐	☐	☐	☐	☐
24	☐	☐	☐	☐	☐	☐	☐	☐	☐	☐	☐	☐	☐	☐	☐	☐	☐	☐	☐
25	☐	☐	☐	☐	☐	☐	☐	☐	☐	☐	☐	☐	☐	☐	☐	☐	☐	☐	☐
26	☐	☐	☐	☐	☐	☐	☐	☐	☐	☐	☐	☐	☐	☐	☐	☐	☐	☐	☐
27	☐	☐	☐	☐	☐	☐	☐	☐	☐	☐	☐	☐	☐	☐	☐	☐	☐	☐	☐
28	☐	☐	☐	☐	☐	☐	☐	☐	☐	☐	☐	☐	☐	☐	☐	☐	☐	☐	☐
29	☐	☐	☐	☐	☐	☐	☐	☐	☐	☐	☐	☐	☐	☐	☐	☐	☐	☐	☐
30	☐	☐	☐	☐	☐	☐	☐	☐	☐	☐	☐	☐	☐	☐	☐	☐	☐	☐	☐
31	☐	☐	☐	☐	☐	☐	☐	☐	☐	☐	☐	☐	☐	☐	☐	☐	☐	☐	☐

⬅ _____ Monat

Farbcode
- ☒ Neu
- ☐ Pitch
- ☐ Wässern
- ☐ Motivation
- ☐ Business
- ☐ Sales
- ☐ Pflegen

Auf der linken Seite findest du dein Kontakt- Table. Schreib deine (wichtigsten) Kontakte über die Kästchen und zeichne an, was du wann mit wem gemacht hast. Wenn du ein farbenfroher Mensch bist, nimmst du Bundstifte, ansonsten kannst du auch die Anfangsbuchstaben nutzen (P= Pitch, N= Neu, W= Wässern…)

↓ Trage hier Wochentage und deine Termine ein.

1___ _____
2___ _____
3___ _____
4___ _____
5___ _____
6___ _____
7___ _____
8___ _____
9___ _____
10___ _____
11___ _____
12___ _____
13___ _____
14___ _____
15___ _____
16___ _____
17___ _____
18___ _____
19___ _____
20___ _____
21___ _____
22___ _____
23___ _____
24___ _____
25___ _____
26___ _____
27___ _____
28___ _____
29___ _____
30___ _____
31___ _____

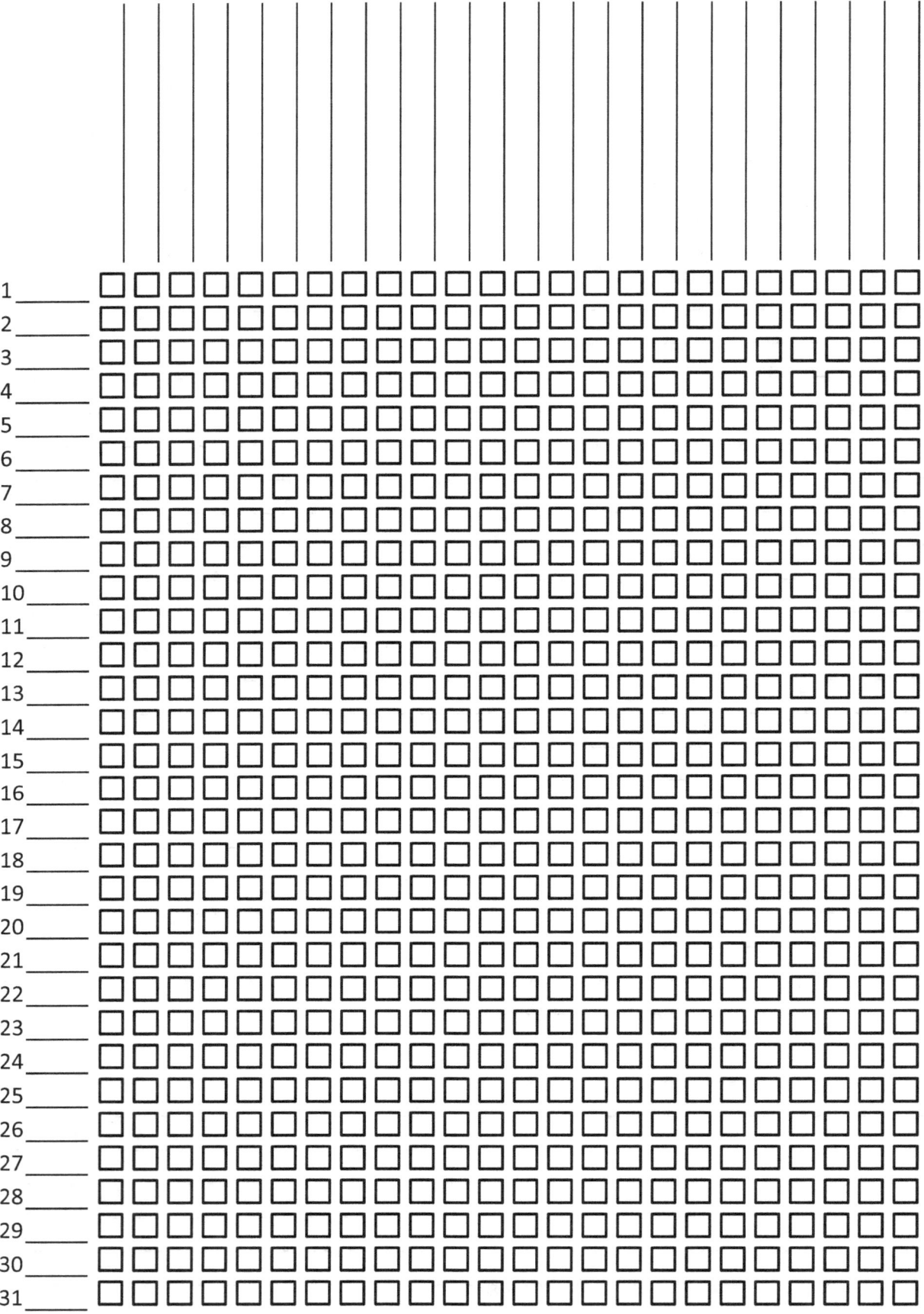

_____ Monat

Farbcode
- ☐ Neu
- ☐ Pitch
- ☐ Wässern
- ☐ Motivation
- ☐ Business
- ☐ Sales
- ☐ Pflegen

1 ___ _____
2 ___ _____
3 ___ _____
4 ___ _____
5 ___ _____
6 ___ _____
7 ___ _____
8 ___ _____
9 ___ _____
10 ___ _____
11 ___ _____
12 ___ _____
13 ___ _____
14 ___ _____
15 ___ _____
16 ___ _____
17 ___ _____
18 ___ _____
19 ___ _____
20 ___ _____
21 ___ _____
22 ___ _____
23 ___ _____
24 ___ _____
25 ___ _____
26 ___ _____
27 ___ _____
28 ___ _____
29 ___ _____
30 ___ _____
31 ___ _____

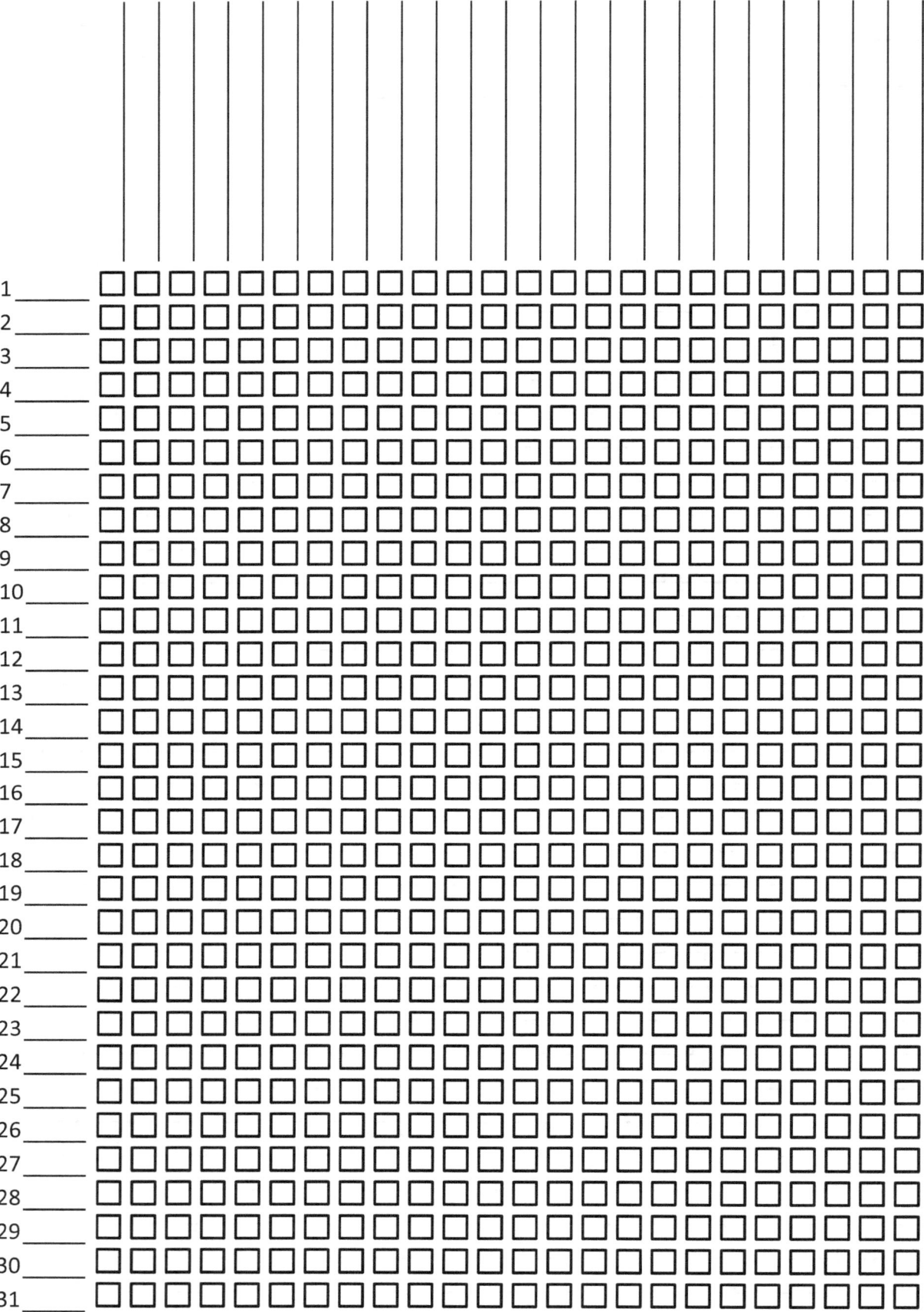

_____ Monat

Farbcode
- ☐ Neu
- ☐ Pitch
- ☐ Wässern
- ☐ Motivation
- ☐ Business
- ☐ Sales
- ☐ Pflegen

1 ___ _____
2 ___ _____
3 ___ _____
4 ___ _____
5 ___ _____
6 ___ _____
7 ___ _____
8 ___ _____
9 ___ _____
10 ___ _____
11 ___ _____
12 ___ _____
13 ___ _____
14 ___ _____
15 ___ _____
16 ___ _____
17 ___ _____
18 ___ _____
19 ___ _____
20 ___ _____
21 ___ _____
22 ___ _____
23 ___ _____
24 ___ _____
25 ___ _____
26 ___ _____
27 ___ _____
28 ___ _____
29 ___ _____
30 ___ _____
31 ___ _____

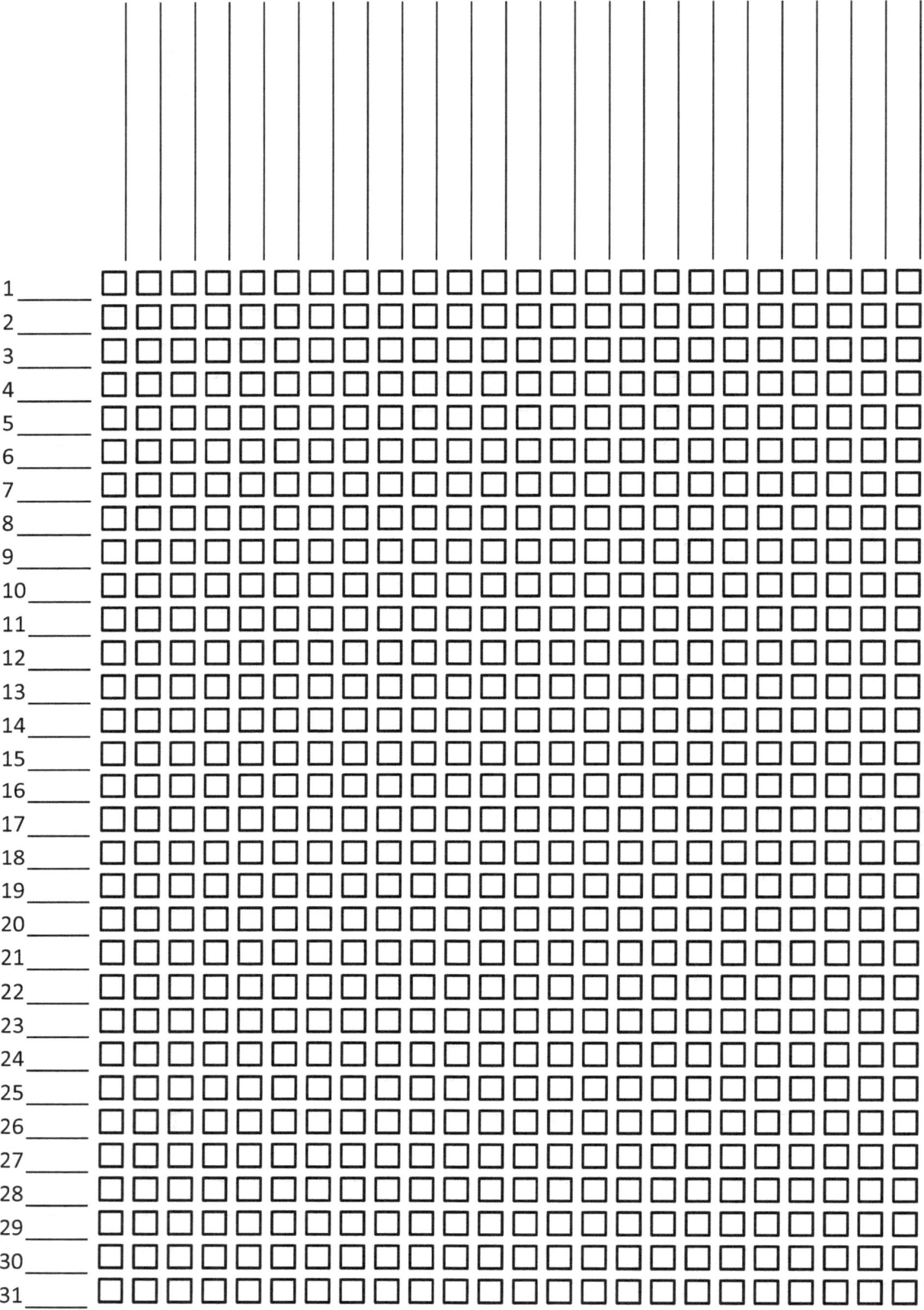

_____ Monat

Farbcode
- [ ] Neu
- [ ] Pitch
- [ ] Wässern
- [ ] Motivation
- [ ] Business
- [ ] Sales
- [ ] Pflegen

1 ___ _____
2 ___ _____
3 ___ _____
4 ___ _____
5 ___ _____
6 ___ _____
7 ___ _____
8 ___ _____
9 ___ _____
10 ___ _____
11 ___ _____
12 ___ _____
13 ___ _____
14 ___ _____
15 ___ _____
16 ___ _____
17 ___ _____
18 ___ _____
19 ___ _____
20 ___ _____
21 ___ _____
22 ___ _____
23 ___ _____
24 ___ _____
25 ___ _____
26 ___ _____
27 ___ _____
28 ___ _____
29 ___ _____
30 ___ _____
31 ___ _____

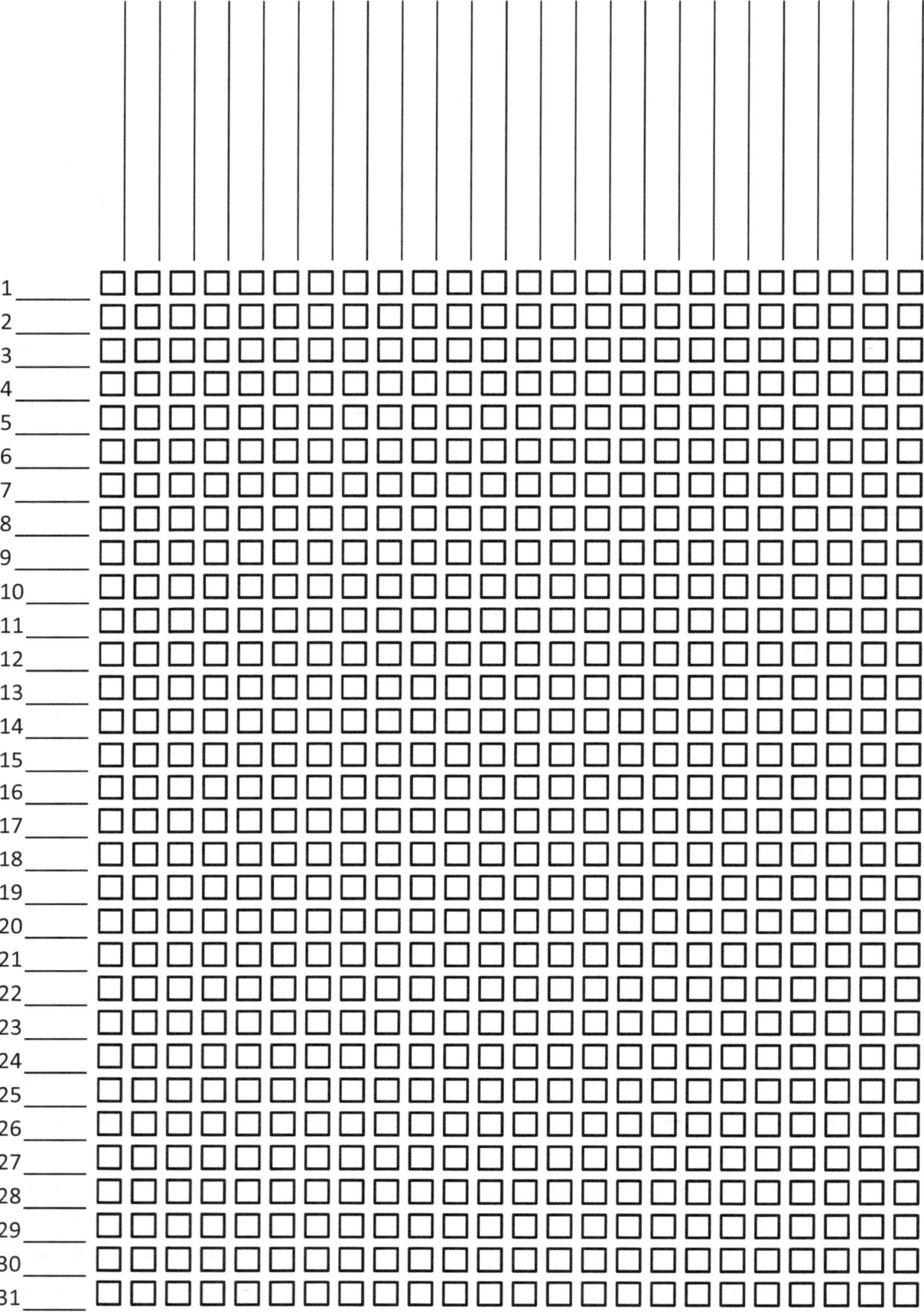

_____ Monat

Farbcode
- ☐ Neu
- ☐ Pitch
- ☐ Wässern
- ☐ Motivation
- ☐ Business
- ☐ Sales
- ☐ Pflegen

1 ___ _____
2 ___ _____
3 ___ _____
4 ___ _____
5 ___ _____
6 ___ _____
7 ___ _____
8 ___ _____
9 ___ _____
10 ___ _____
11 ___ _____
12 ___ _____
13 ___ _____
14 ___ _____
15 ___ _____
16 ___ _____
17 ___ _____
18 ___ _____
19 ___ _____
20 ___ _____
21 ___ _____
22 ___ _____
23 ___ _____
24 ___ _____
25 ___ _____
26 ___ _____
27 ___ _____
28 ___ _____
29 ___ _____
30 ___ _____
31 ___ _____

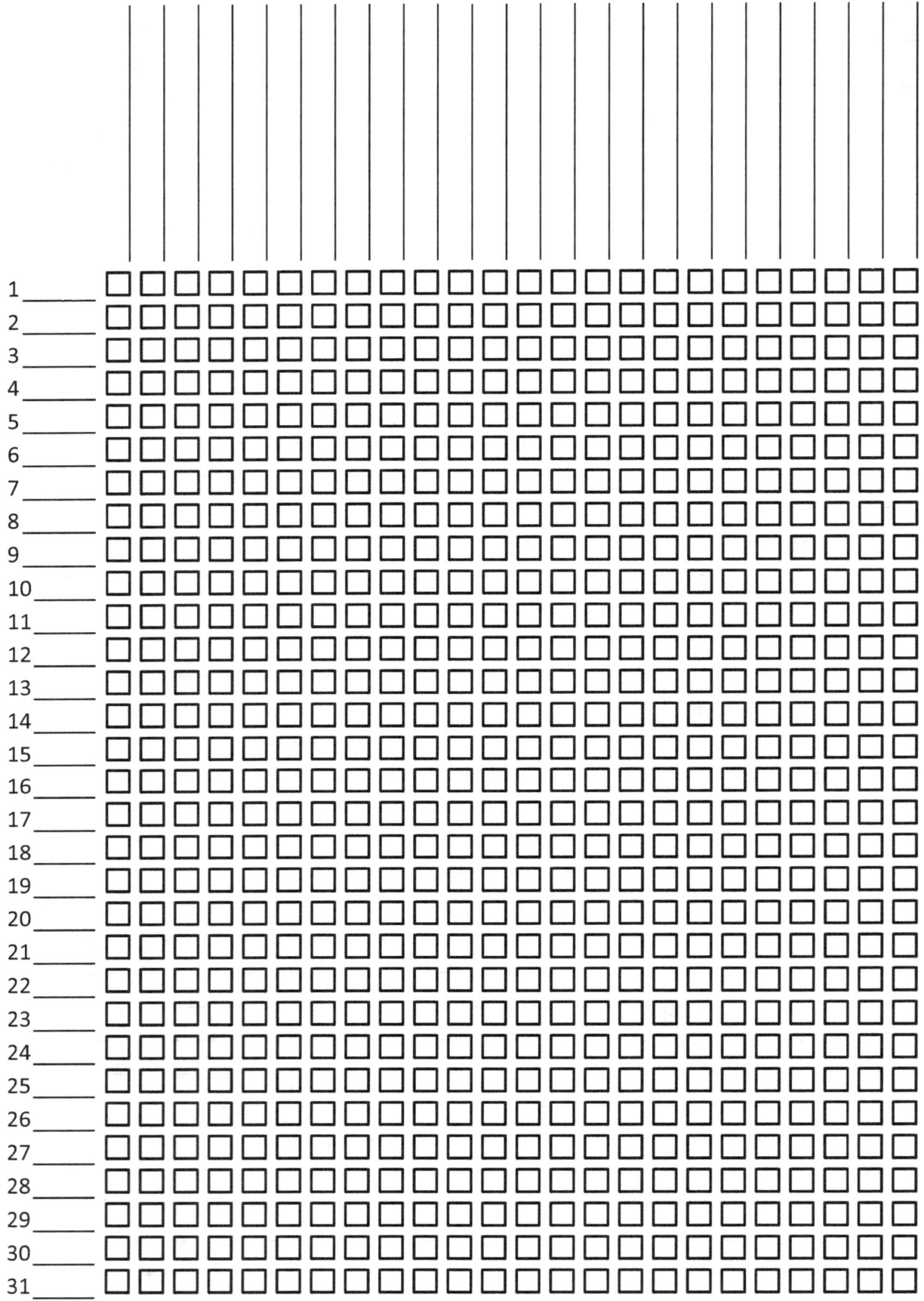

⬅ _____ Monat

Farbcode
- ☐ Neu
- ☐ Pitch
- ☐ Wässern
- ☐ Motivation
- ☐ Business
- ☐ Sales
- ☐ Pflegen

1 ___ _____
2 ___ _____
3 ___ _____
4 ___ _____
5 ___ _____
6 ___ _____
7 ___ _____
8 ___ _____
9 ___ _____
10 ___ _____
11 ___ _____
12 ___ _____
13 ___ _____
14 ___ _____
15 ___ _____
16 ___ _____
17 ___ _____
18 ___ _____
19 ___ _____
20 ___ _____
21 ___ _____
22 ___ _____
23 ___ _____
24 ___ _____
25 ___ _____
26 ___ _____
27 ___ _____
28 ___ _____
29 ___ _____
30 ___ _____
31 ___ _____

| Montag | Dienstag | Mittwoch | Donnerstag |

ToDo:

Freitag	Samstag	Sonntag

Diese Woche am Wichtigsten:

ToDo:

Nimm nun die erste Woche des ersten Monats aus deinem Halbjahresplan und trag deine Termine aus der Monatsübersicht hier ein und all das, was du dir sonst noch zu tun vorgenommen hast. Nutze die Kästchen kreativ, in der Tagesansicht wird es noch spezifischer.

Montag	Dienstag	Mittwoch	Donnerstag

ToDo:

| Freitag | Samstag | Sonntag | Diese Woche am Wichtigsten: |

ToDo:

Montag	Dienstag	Mittwoch	Donnerstag

ToDo:

| Freitag | Samstag | Sonntag | Diese Woche am Wichtigsten: |

ToDo:

Montag	Dienstag	Mittwoch	Donnerstag

ToDo:

| Freitag | Samstag | Sonntag | Diese Woche am Wichtigsten: |

ToDo:

Montag	Dienstag	Mittwoch	Donnerstag

ToDo:

| Freitag | Samstag | Sonntag | Diese Woche am Wichtigsten: |

ToDo:

Montag	Dienstag	Mittwoch	Donnerstag

ToDo:

| Freitag | Samstag | Sonntag | Diese Woche am Wichtigsten: |

ToDo:

Montag	Dienstag	Mittwoch	Donnerstag

ToDo:

| Freitag | Samstag | Sonntag | Diese Woche am Wichtigsten: |

ToDo:

Montag	Dienstag	Mittwoch	Donnerstag

ToDo:

| Freitag | Samstag | Sonntag | Diese Woche am Wichtigsten: |

ToDo:

Montag	Dienstag	Mittwoch	Donnerstag

ToDo:

| Freitag | Samstag | Sonntag |

Diese Woche am Wichtigsten:

ToDo:

Montag	Dienstag	Mittwoch	Donnerstag

ToDo:

| Freitag | Samstag | Sonntag |

Diese Woche am Wichtigsten:

ToDo:

Montag	Dienstag	Mittwoch	Donnerstag

ToDo:

| Freitag | Samstag | Sonntag |

Diese Woche am Wichtigsten:

ToDo:

Montag	Dienstag	Mittwoch	Donnerstag

ToDo:

| Freitag | Samstag | Sonntag | Diese Woche am Wichtigsten: |

ToDo:

Wenn du aufgeben willst,

denke daran,

WARUM,

du angefangen hast.

Ziele

Such dir die wichtigsten acht Bereiche deines Lebens aus und überlege, wie weit auf einer Skala von eis bis zehn du bereits gekommen ist. Nutze unterschiedliche Farben für unterschiedliche Lebensbereiche.

10. Etappe
9.
8.
7.
6.
5.
4.
3.
2.
1.

_____   _____
_____   _____
_____   _____
_____   _____

ZIEL 1

Fülle die folgenden Seiten für deine Ziele ausführlich aus. Vielleicht möchtest du wieder Farben dazu nehmen.

_____

Warum willst du dieses Ziel erreichen?

Das gehört dazu:

Woran erkennst du, dass du einen Schritt weiter bist?

Etappe:
1.
2.
3.
4.
5.
6.
7.
8.
9.
10.

Verbesserung
1.
2.
3.
4.
5.
6.
7.
8.
9.
10.

ZIEL 2

Fülle die folgenden Seiten für deine Ziele ausführlich aus. Vielleicht möchtest du wieder Farben dazu nehmen.

Warum willst du dieses Ziel erreichen?

Das gehört dazu:

Woran erkennst du, dass du einen Schritt weiter bist?

Etappe:
1.
2.
3.
4.
5.
6.
7.
8.
9.
10.

Verbesserung
1.
2.
3.
4.
5.
6.
7.
8.
9.
10.

awesome ZIEL 3 _____

Fülle die folgenden Seiten für deine Ziele ausführlich aus. Vielleicht möchtest du wieder Farben dazu nehmen.

Warum willst du dieses Ziel erreichen?

Das gehört dazu:

Woran erkennst du, dass du einen Schritt weiter bist?

Etappe:
1.
2.
3.
4.
5.
6.
7.
8.
9.
10.

Verbesserung
1.
2.
3.
4.
5.
6.
7.
8.
9.
10.

ZIEL 4

Fülle die folgenden Seiten für deine Ziele ausführlich aus.
Vielleicht möchtest du wieder Farben dazu nehmen.

_____

Warum willst du dieses Ziel erreichen?

Das gehört dazu:

Woran erkennst du, dass du einen Schritt weiter bist?

Etappe:
1.
2.
3.
4.
5.
6.
7.
8.
9.
10.

Verbesserung
1.
2.
3.
4.
5.
6.
7.
8.
9.
10.

beauty ZIEL 5

Fülle die folgenden Seiten für deine Ziele ausführlich aus. Vielleicht möchtest du wieder Farben dazu nehmen.

_____

Warum willst du dieses Ziel erreichen?

Das gehört dazu:

Woran erkennst du, dass du einen Schritt weiter bist?

Etappe:
1.
2.
3.
4.
5.
6.
7.
8.
9.
10.

Verbesserung
1.
2.
3.
4.
5.
6.
7.
8.
9.
10.

wealthy ZIEL 6 _____

Fülle die folgenden Seiten für deine Ziele ausführlich aus.
Vielleicht möchtest du wieder Farben dazu nehmen.

Warum willst du dieses Ziel erreichen?

Das gehört dazu:

Woran erkennst du, dass du einen Schritt weiter bist?

Etappe:
1.
2.
3.
4.
5.
6.
7.
8.
9.
10.

Verbesserung
1.
2.
3.
4.
5.
6.
7.
8.
9.
10.

healthy ZIEL 7

Fülle die folgenden Seiten für deine Ziele ausführlich aus. Vielleicht möchtest du wieder Farben dazu nehmen.

Warum willst du dieses Ziel erreichen?

Das gehört dazu:

Woran erkennst du, dass du einen Schritt weiter bist?

Etappe:
1.
2.
3.
4.
5.
6.
7.
8.
9.
10.

Verbesserung
1.
2.
3.
4.
5.
6.
7.
8.
9.
10.

ZIEL 8

Fülle die folgenden Seiten für deine Ziele ausführlich aus. Vielleicht möchtest du wieder Farben dazu nehmen.

Warum willst du dieses Ziel erreichen?

Das gehört dazu:

Woran erkennst du, dass du einen Schritt weiter bist?

Etappe:
1.
2.
3.
4.
5.
6.
7.
8.
9.
10.

Verbesserung
1.
2.
3.
4.
5.
6.
7.
8.
9.
10.

_____

Jetzt kommen wir zu den einzelnen Wochentagen. Übertrage als erstes alle Termine des ersten Tages der ersten Woche deines ersten Monats hier ein.

sehr wichtig	nicht ganz so wichtig

langfristig/ neu/ sortieren

Powerfrage of the day: Wie geht es noch besser?

Termine/ Anrufe/ Emails

ToDo
- ☐
- ☐
- ☐
- ☐
- ☐
- ☐
- ☐
- ☐
- ☐
- ☐
- ☐
- ☐

**ICH KANN,
ICH WILL,
ICH WERDE!**

Ende der Geschichte!

Die Strazzenkatze

_____

sehr wichtig	nicht ganz so wichtig

langfristig/ neu/ sortieren

Powerfrage of the day: Wie geht es noch besser?

_____
_____
_____
_____
_____
_____
_____
_____

Termine/ Anrufe/ Emails

_____
_____
_____
_____
_____

ToDo

- ☐ _____
- ☐ _____
- ☐ _____
- ☐ _____
- ☐ _____
- ☐ _____
- ☐ _____
- ☐ _____
- ☐ _____
- ☐ _____
- ☐ _____

_____

sehr wichtig	nicht ganz so wichtig

langfristig/ neu/ sortieren

Powerfrage of the day: Wie geht es noch besser?

_____
_____
_____
_____
_____
_____
_____
_____

Termine/ Anrufe/ Emails

_____
_____
_____
_____
_____
_____

ToDo

- ☐ _____
- ☐ _____
- ☐ _____
- ☐ _____
- ☐ _____
- ☐ _____
- ☐ _____
- ☐ _____
- ☐ _____
- ☐ _____
- ☐ _____
- ☐ _____

_____

| sehr wichtig | nicht ganz so wichtig |

langfristig/ neu/ sortieren

Powerfrage of the day: Wie geht es noch besser?
_____
_____
_____
_____
_____
_____
_____
_____

Termine/ Anrufe/ Emails
_____
_____
_____
_____
_____

ToDo
☐ _____
☐ _____
☐ _____
☐ _____
☐ _____
☐ _____
☐ _____
☐ _____
☐ _____
☐ _____
☐ _____
☐ _____

_____

sehr wichtig	nicht ganz so wichtig

langfristig/ neu/ sortieren

Powerfrage of the day: Wie geht es noch besser?

Termine/ Anrufe/ Emails

ToDo
- ☐
- ☐
- ☐
- ☐
- ☐
- ☐
- ☐
- ☐
- ☐
- ☐
- ☐
- ☐

_____

sehr wichtig	nicht ganz so wichtig

langfristig/ neu/ sortieren

Powerfrage of the day: Wie geht es noch besser?
_____
_____
_____
_____
_____
_____
_____
_____

Termine/ Anrufe/ Emails
_____
_____
_____
_____
_____
_____

ToDo
- ☐ _____
- ☐ _____
- ☐ _____
- ☐ _____
- ☐ _____
- ☐ _____
- ☐ _____
- ☐ _____
- ☐ _____
- ☐ _____
- ☐ _____

_____

| sehr wichtig | nicht ganz so wichtig |

langfristig/ neu/ sortieren

Powerfrage of the day: Wie geht es noch besser?
_____
_____
_____
_____
_____
_____
_____
_____

Termine/ Anrufe/ Emails
_____
_____
_____
_____
_____
_____

ToDo
☐ _____
☐ _____
☐ _____
☐ _____
☐ _____
☐ _____
☐ _____
☐ _____
☐ _____
☐ _____
☐ _____

love

"Kümmere dich nicht um die, die dir das Leben schwer machen. Kümmere dich um die, die es schön machen!"

Die Strazzenkatze

love

_____

sehr wichtig	nicht ganz so wichtig

langfristig/ neu/ sortieren

Powerfrage of the day: Wie geht es noch besser?

_____
_____
_____
_____
_____
_____
_____
_____

Termine/ Anrufe/ Emails

_____
_____
_____
_____
_____
_____

ToDo
- [ ] _____
- [ ] _____
- [ ] _____
- [ ] _____
- [ ] _____
- [ ] _____
- [ ] _____
- [ ] _____
- [ ] _____
- [ ] _____
- [ ] _____

_____

sehr wichtig	nicht ganz so wichtig

langfristig/ neu/ sortieren

Powerfrage of the day: Wie geht es noch besser?

_____
_____
_____
_____
_____
_____
_____
_____

Termine/ Anrufe/ Emails

_____
_____
_____
_____
_____
_____

ToDo
- ☐ _____
- ☐ _____
- ☐ _____
- ☐ _____
- ☐ _____
- ☐ _____
- ☐ _____
- ☐ _____
- ☐ _____
- ☐ _____
- ☐ _____

_____

sehr wichtig	nicht ganz so wichtig

langfristig/ neu/ sortieren

☐ → ☐ → ☐ → ☐ → ☐

Powerfrage of the day: Wie geht es noch besser?

_____
_____
_____
_____
_____
_____
_____
_____
_____

Termine/ Anrufe/ Emails

_____
_____
_____
_____
_____
_____

ToDo
- ☐ _____
- ☐ _____
- ☐ _____
- ☐ _____
- ☐ _____
- ☐ _____
- ☐ _____
- ☐ _____
- ☐ _____
- ☐ _____
- ☐ _____
- ☐ _____

_____

sehr wichtig	nicht ganz so wichtig

langfristig/ neu/ sortieren

Powerfrage of the day: Wie geht es noch besser?

_____
_____
_____
_____
_____
_____
_____
_____

Termine/ Anrufe/ Emails

_____
_____
_____
_____
_____
_____

ToDo
- ☐ _____
- ☐ _____
- ☐ _____
- ☐ _____
- ☐ _____
- ☐ _____
- ☐ _____
- ☐ _____
- ☐ _____
- ☐ _____
- ☐ _____

_____

sehr wichtig	nicht ganz so wichtig

langfristig/ neu/ sortieren

Powerfrage of the day: Wofür stehst du nachts sogar auf?

_____
_____
_____
_____
_____
_____
_____
_____

Termine/ Anrufe/ Emails

_____
_____
_____
_____
_____

ToDo
- [ ] _____
- [ ] _____
- [ ] _____
- [ ] _____
- [ ] _____
- [ ] _____
- [ ] _____
- [ ] _____
- [ ] _____
- [ ] _____
- [ ] _____
- [ ] _____

EGAL WAS:

Tu es!

WENN ES SICH GUT ANFÜHLT.

_____

sehr wichtig	nicht ganz so wichtig

langfristig/ neu/ sortieren

Powerfrage of the day: Wie geht es noch besser?
_____
_____
_____
_____
_____
_____
_____
_____

Termine/ Anrufe/ Emails
_____
_____
_____
_____
_____
_____
_____

ToDo
- [ ] _____
- [ ] _____
- [ ] _____
- [ ] _____
- [ ] _____
- [ ] _____
- [ ] _____
- [ ] _____
- [ ] _____
- [ ] _____
- [ ] _____
- [ ] _____

_____

sehr wichtig	nicht ganz so wichtig

langfristig/ neu/ sortieren

Powerfrage of the day: Wie geht es noch besser?

Termine/ Anrufe/ Emails

ToDo
- ☐
- ☐
- ☐
- ☐
- ☐
- ☐
- ☐
- ☐
- ☐
- ☐
- ☐

_____

sehr wichtig	nicht ganz so wichtig

langfristig/ neu/ sortieren

Powerfrage of the day: Wie geht es noch besser?
_____
_____
_____
_____
_____
_____
_____
_____

Termine/ Anrufe/ Emails
_____
_____
_____
_____
_____
_____

ToDo
- ☐ _____
- ☐ _____
- ☐ _____
- ☐ _____
- ☐ _____
- ☐ _____
- ☐ _____
- ☐ _____
- ☐ _____
- ☐ _____
- ☐ _____
- ☐ _____

_____

sehr wichtig	nicht ganz so wichtig

langfristig/ neu/ sortieren

Powerfrage of the day: Wie geht es noch besser?

Termine/ Anrufe/ Emails

ToDo
- ☐
- ☐
- ☐
- ☐
- ☐
- ☐
- ☐
- ☐
- ☐
- ☐
- ☐
- ☐

_____

| sehr wichtig | nicht ganz so wichtig |
|---|---|ових
| | |

langfristig/ neu/ sortieren

Powerfrage of the day: Wie geht es noch besser?
_____
_____
_____
_____
_____
_____
_____
_____

Termine/ Anrufe/ Emails
_____
_____
_____
_____
_____
_____
_____

ToDo
- ☐ _____
- ☐ _____
- ☐ _____
- ☐ _____
- ☐ _____
- ☐ _____
- ☐ _____
- ☐ _____
- ☐ _____
- ☐ _____
- ☐ _____
- ☐ _____

_____

sehr wichtig	nicht ganz so wichtig

langfristig/ neu/ sortieren

Powerfrage of the day: Welche Bücher sind es außerdem noch Wert, um zu lesen?
_____
_____
_____
_____
_____
_____
_____

Termine/ Anrufe/ Emails
_____
_____
_____
_____
_____

ToDo
- ☐ _____
- ☐ _____
- ☐ _____
- ☐ _____
- ☐ _____
- ☐ _____
- ☐ _____
- ☐ _____
- ☐ _____
- ☐ _____
- ☐ _____
- ☐ _____

_____

sehr wichtig	nicht ganz so wichtig

langfristig/ neu/ sortieren

Powerfrage of the day: Wie geht es noch besser?

_____
_____
_____
_____
_____
_____
_____
_____

Termine/ Anrufe/ Emails

_____
_____
_____
_____
_____
_____

ToDo
- [ ] _____
- [ ] _____
- [ ] _____
- [ ] _____
- [ ] _____
- [ ] _____
- [ ] _____
- [ ] _____
- [ ] _____
- [ ] _____
- [ ] _____

_____

sehr wichtig	nicht ganz so wichtig

langfristig/ neu/ sortieren

Powerfrage of the day: Wie geht es noch besser?

_____
_____
_____
_____
_____
_____
_____
_____

Termine/ Anrufe/ Emails

_____
_____
_____
_____
_____

ToDo

- ☐ _____
- ☐ _____
- ☐ _____
- ☐ _____
- ☐ _____
- ☐ _____
- ☐ _____
- ☐ _____
- ☐ _____
- ☐ _____
- ☐ _____

_____

| sehr wichtig | nicht ganz so wichtig |

langfristig/ neu/ sortieren

Powerfrage of the day: Wie geht es noch besser?
_____
_____
_____
_____
_____
_____
_____
_____

Termine/ Anrufe/ Emails
_____
_____
_____
_____
_____

ToDo
☐ _____
☐ _____
☐ _____
☐ _____
☐ _____
☐ _____
☐ _____
☐ _____
☐ _____
☐ _____
☐ _____

_____

sehr wichtig	nicht ganz so wichtig

langfristig/ neu/ sortieren

☐ → ☐ → ☐ → ☐ → ☐

Powerfrage of the day: Wie geht es noch besser?
_____
_____
_____
_____
_____
_____
_____
_____

Termine/ Anrufe/ Emails
_____
_____
_____
_____
_____

ToDo
☐ _____
☐ _____
☐ _____
☐ _____
☐ _____
☐ _____
☐ _____
☐ _____
☐ _____
☐ _____
☐ _____
☐ _____

_____

sehr wichtig	nicht ganz so wichtig

langfristig/ neu/ sortieren

Powerfrage of the day: Wie geht es noch besser?

_____
_____
_____
_____
_____
_____
_____
_____

Termine/ Anrufe/ Emails

_____
_____
_____
_____
_____

ToDo
- ☐ _____
- ☐ _____
- ☐ _____
- ☐ _____
- ☐ _____
- ☐ _____
- ☐ _____
- ☐ _____
- ☐ _____
- ☐ _____
- ☐ _____
- ☐ _____

_____

sehr wichtig	nicht ganz so wichtig

langfristig/ neu/ sortieren

Powerfrage of the day: Wen oder was kannst du noch in dein Leben einladen, was dir hilft, dein Ziel zu erreichen?

Termine/ Anrufe/ Emails

ToDo
- [ ]
- [ ]
- [ ]
- [ ]
- [ ]
- [ ]
- [ ]
- [ ]
- [ ]
- [ ]
- [ ]
- [ ]

Wenn du aufgeben willst,

denke daran,

WARUM,

du angefangen hast,

_____

sehr wichtig	nicht ganz so wichtig

langfristig/ neu/ sortieren

Powerfrage of the day: Wie geht es noch besser?

Termine/ Anrufe/ Emails

ToDo
- [ ]
- [ ]
- [ ]
- [ ]
- [ ]
- [ ]
- [ ]
- [ ]
- [ ]
- [ ]
- [ ]
- [ ]

_____

sehr wichtig	nicht ganz so wichtig

langfristig/ neu/ sortieren

Powerfrage of the day: Wie geht es noch besser?

_____
_____
_____
_____
_____
_____
_____
_____

Termine/ Anrufe/ Emails

_____
_____
_____
_____
_____
_____

ToDo
- ☐ _____
- ☐ _____
- ☐ _____
- ☐ _____
- ☐ _____
- ☐ _____
- ☐ _____
- ☐ _____
- ☐ _____
- ☐ _____
- ☐ _____
- ☐ _____

_____

| sehr wichtig | nicht ganz so wichtig |

langfristig/ neu/ sortieren

Powerfrage of the day: Wie geht es noch besser?
_____
_____
_____
_____
_____
_____
_____
_____

Termine/ Anrufe/ Emails
_____
_____
_____
_____
_____

ToDo
- ☐ _____
- ☐ _____
- ☐ _____
- ☐ _____
- ☐ _____
- ☐ _____
- ☐ _____
- ☐ _____
- ☐ _____
- ☐ _____
- ☐ _____

_____

sehr wichtig	nicht ganz so wichtig

langfristig/ neu/ sortieren

Powerfrage of the day: Wie geht es noch besser?

_____
_____
_____
_____
_____
_____
_____
_____

Termine/ Anrufe/ Emails

_____
_____
_____
_____
_____

ToDo

- ☐ _____
- ☐ _____
- ☐ _____
- ☐ _____
- ☐ _____
- ☐ _____
- ☐ _____
- ☐ _____
- ☐ _____
- ☐ _____
- ☐ _____

_____

sehr wichtig	nicht ganz so wichtig

langfristig/ neu/ sortieren

☐ → ☐ → ☐ → ☐ → ☐

Powerfrage of the day: Wie geht es noch besser?
_____
_____
_____
_____
_____
_____
_____
_____

Termine/ Anrufe/ Emails
_____
_____
_____
_____
_____

ToDo
- ☐ _____
- ☐ _____
- ☐ _____
- ☐ _____
- ☐ _____
- ☐ _____
- ☐ _____
- ☐ _____
- ☐ _____
- ☐ _____
- ☐ _____

_____

sehr wichtig	nicht ganz so wichtig

langfristig/ neu/ sortieren

Powerfrage of the day: Was kann dein Universum dir beitragen, wenn es dich dabei unterstützt, deinen Plan zu realisieren?

Termine/ Anrufe/ Emails

ToDo

NATÜRLICH RETTEN SPRÜCHE NICHT DIE WELT...

... den Tag manchmal schon!

_____

| sehr wichtig | nicht ganz so wichtig |

langfristig/ neu/ sortieren

Powerfrage of the day: Wie geht es noch besser?
___

Termine/ Anrufe/ Emails
___

ToDo
- ☐ ___
- ☐ ___
- ☐ ___
- ☐ ___
- ☐ ___
- ☐ ___
- ☐ ___
- ☐ ___
- ☐ ___
- ☐ ___
- ☐ ___

_____

sehr wichtig	nicht ganz so wichtig

langfristig/ neu/ sortieren

Powerfrage of the day: Wie geht es noch besser?
_____
_____
_____
_____
_____
_____
_____
_____

Termine/ Anrufe/ Emails
_____
_____
_____
_____
_____

ToDo
- ☐ _____
- ☐ _____
- ☐ _____
- ☐ _____
- ☐ _____
- ☐ _____
- ☐ _____
- ☐ _____
- ☐ _____
- ☐ _____
- ☐ _____
- ☐ _____

_____

sehr wichtig	nicht ganz so wichtig
_____	_____
_____	_____
_____	_____
_____	_____
_____	_____
_____	_____
_____	_____
_____	_____
_____	_____
_____	_____
_____	_____
_____	_____
_____	_____
_____	_____

langfristig/ neu/ sortieren
_____
_____
_____
_____

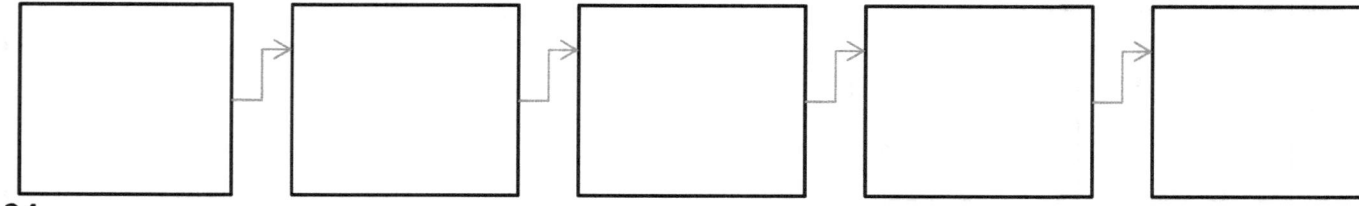

Powerfrage of the day: Wie geht es noch besser?
_____
_____
_____
_____
_____
_____
_____

Termine/ Anrufe/ Emails
_____
_____
_____
_____
_____

ToDo
- ☐ _____
- ☐ _____
- ☐ _____
- ☐ _____
- ☐ _____
- ☐ _____
- ☐ _____
- ☐ _____
- ☐ _____
- ☐ _____
- ☐ _____

_____

sehr wichtig	nicht ganz so wichtig

langfristig/ neu/ sortieren

Powerfrage of the day: Wie geht es noch besser?

_____
_____
_____
_____
_____
_____
_____

Termine/ Anrufe/ Emails

_____
_____
_____
_____
_____
_____

ToDo
- [ ] _____
- [ ] _____
- [ ] _____
- [ ] _____
- [ ] _____
- [ ] _____
- [ ] _____
- [ ] _____
- [ ] _____
- [ ] _____
- [ ] _____
- [ ] _____

_____

sehr wichtig	nicht ganz so wichtig

langfristig/ neu/ sortieren

Powerfrage of the day: Wie geht es noch besser?

Termine/ Anrufe/ Emails

ToDo
- ☐
- ☐
- ☐
- ☐
- ☐
- ☐
- ☐
- ☐
- ☐
- ☐
- ☐

_____

| sehr wichtig | nicht ganz so wichtig |
|---|---|ельно

sehr wichtig

nicht ganz so wichtig

langfristig/ neu/ sortieren

Powerfrage of the day: Was ist sonst noch in deinem Leben möglich, was du noch nicht ausprobiert hast?
_____
_____
_____
_____
_____
_____
_____

Termine/ Anrufe/ Emails
_____
_____
_____
_____
_____

ToDo
- ☐ _____
- ☐ _____
- ☐ _____
- ☐ _____
- ☐ _____
- ☐ _____
- ☐ _____
- ☐ _____
- ☐ _____
- ☐ _____
- ☐ _____
- ☐ _____

Am Rande des Wahnsinns hat man die beste Aussicht!

_____

sehr wichtig	nicht ganz so wichtig

langfristig/ neu/ sortieren

☐ → ☐ → ☐ → ☐ → ☐

Powerfrage of the day: Wie geht es noch besser?
_____
_____
_____
_____
_____
_____
_____
_____

Termine/ Anrufe/ Emails
_____
_____
_____
_____
_____
_____

ToDo
- ☐ _____
- ☐ _____
- ☐ _____
- ☐ _____
- ☐ _____
- ☐ _____
- ☐ _____
- ☐ _____
- ☐ _____
- ☐ _____
- ☐ _____
- ☐ _____

_____

sehr wichtig	nicht ganz so wichtig

langfristig/ neu/ sortieren

Powerfrage of the day: Wie geht es noch besser?
_____
_____
_____
_____
_____
_____
_____
_____

Termine/ Anrufe/ Emails
_____
_____
_____
_____
_____
_____

ToDo
- ☐ _____
- ☐ _____
- ☐ _____
- ☐ _____
- ☐ _____
- ☐ _____
- ☐ _____
- ☐ _____
- ☐ _____
- ☐ _____
- ☐ _____

_____

| sehr wichtig | nicht ganz so wichtig |
|---|---|=""

sehr wichtig

nicht ganz so wichtig

langfristig/ neu/ sortieren

Powerfrage of the day: Wie geht es noch besser?

_____
_____
_____
_____
_____
_____
_____
_____

Termine/ Anrufe/ Emails

_____
_____
_____
_____
_____

ToDo

☐ _____
☐ _____
☐ _____
☐ _____
☐ _____
☐ _____
☐ _____
☐ _____
☐ _____
☐ _____
☐ _____

_____

sehr wichtig	nicht ganz so wichtig

langfristig/ neu/ sortieren

Powerfrage of the day: Wie geht es noch besser?
_____
_____
_____
_____
_____
_____
_____
_____

Termine/ Anrufe/ Emails
_____
_____
_____
_____
_____

ToDo
- ☐ _____
- ☐ _____
- ☐ _____
- ☐ _____
- ☐ _____
- ☐ _____
- ☐ _____
- ☐ _____
- ☐ _____
- ☐ _____
- ☐ _____
- ☐ _____

_____

sehr wichtig	nicht ganz so wichtig

langfristig/ neu/ sortieren

Powerfrage of the day: Wofür bist du heute dankbar?
_____
_____
_____
_____
_____
_____
_____
_____

Termine/ Anrufe/ Emails
_____
_____
_____
_____
_____

ToDo
- ☐ _____
- ☐ _____
- ☐ _____
- ☐ _____
- ☐ _____
- ☐ _____
- ☐ _____
- ☐ _____
- ☐ _____
- ☐ _____
- ☐ _____
- ☐ _____

ALLE VERRÜCKT HIER.

...komm Einhorn, wir geh'n!

Überblick	Datum:
Zentrales Thema/ Fragestellung:	

Notizen:	Ergänzungen:

Fazit:

| Überblick | Datum: |

Zentrales Thema/ Fragestellung:

| Notizen: | Ergänzungen: |

Fazit:

| Überblick | Datum: |

Zentrales Thema/ Fragestellung:

| Notizen: | Ergänzungen: |

Fazit:

| Überblick | Datum: |

Zentrales Thema/ Fragestellung:

| Notizen: | Ergänzungen: |

Fazit:

| Überblick | Datum: |

Zentrales Thema/ Fragestellung:

| Notizen: | Ergänzungen: |

Fazit:

Überblick	Datum:

Zentrales Thema/ Fragestellung:

Notizen:	Ergänzungen:

Fazit:

| Überblick | Datum: |

Zentrales Thema/ Fragestellung:

Notizen: | **Ergänzungen:**

Fazit:

Überblick	Datum:

Zentrales Thema/ Fragestellung:

Notizen:

Ergänzungen:

Fazit:

| Überblick | Datum: |

Zentrales Thema/ Fragestellung:

| Notizen: | Ergänzungen: |

Fazit:

Überblick	Datum:

Zentrales Thema/ Fragestellung:

Notizen:

Ergänzungen:

Fazit:

Überblick	Datum:
Zentrales Thema/ Fragestellung:	

Notizen:

Ergänzungen:

Fazit:

| Überblick | Datum: |

Zentrales Thema/ Fragestellung:

| Notizen: | Ergänzungen: |

Fazit:

| Überblick | Datum: |

Zentrales Thema/ Fragestellung:

| Notizen: | Ergänzungen: |

Fazit:

Überblick	Datum:

Zentrales Thema/ Fragestellung:

Notizen:

Ergänzungen:

Fazit:

| Überblick | Datum: |

Zentrales Thema/ Fragestellung:

| Notizen: | Ergänzungen: |

Fazit:

Partner _____

seit: _____	PIN: _____
Adresse: _____	
Geb.Datum: _____	_____: _____
Email: _____	Beziehung: _____
Produkt: _____	Potential ◇ ◇ ◇ ◇ ◇
Anfangs-Ziel: _____	
Generelles Ziel: _____	Geschäft-Chance: _____
Bis: _____	

Interessen/ nächste Schritte:

_____
_____
_____
_____

Partner _____

seit: _____	PIN: _____
Adresse: _____	
Geb.Datum: _____	_____: _____
Email: _____	Beziehung: _____
Produkt: _____	Potential ◇ ◇ ◇ ◇ ◇
Anfangs-Ziel: _____	
Generelles Ziel: _____	Geschäft-Chance: _____
Bis: _____	

Interessen/ nächste Schritte:

_____
_____
_____
_____

Partner _____

seit: _____ Adresse: _____ Geb.Datum: _____ Email: _____	PIN: _____ _____: _____ Beziehung: _____
Produkt: _____ Anfangs-Ziel: _____ Generelles Ziel: _____ Bis: _____	Potential ◇ ◇ ◇ ◇ ◇ Geschäft- Chance: _____

Interessen/ nächste Schritte:
_____
_____
_____
_____

Partner _____

seit: _____ Adresse: _____ Geb.Datum: _____ Email: _____	PIN: _____ _____: _____ Beziehung: _____
Produkt: _____ Anfangs-Ziel: _____ Generelles Ziel: _____ Bis: _____	Potential ◇ ◇ ◇ ◇ ◇ Geschäft- Chance: _____

Interessen/ nächste Schritte:
_____
_____
_____
_____

Partner

seit: _____
Adresse: _____
Geb.Datum: _____
Email: _____

PIN: _____
_____: _____
Beziehung: _____

Produkt: _____
Anfangs-Ziel: _____
Generelles Ziel: _____
Bis: _____

Potential ◇ ◇ ◇ ◇ ◇
Geschäft-Chance: _____

Interessen/ nächste Schritte:
_____
_____
_____
_____

Partner

seit: _____
Adresse: _____
Geb.Datum: _____
Email: _____

PIN: _____
_____: _____
Beziehung: _____

Produkt: _____
Anfangs-Ziel: _____
Generelles Ziel: _____
Bis: _____

Potential ◇ ◇ ◇ ◇ ◇
Geschäft-Chance: _____

Interessen/ nächste Schritte:
_____
_____
_____
_____

Partner _____

seit: _____ Adresse: _____ Geb.Datum: _____ Email: _____	PIN: _____ _____ : _____ Beziehung: _____
Produkt: _____ Anfangs-Ziel: _____ Generelles Ziel: _____ Bis: _____	Potential ◇ ◇ ◇ ◇ ◇ Geschäft- Chance: _____

Interessen/ nächste Schritte:

_____
_____
_____
_____

Partner _____

seit: _____ Adresse: _____ Geb.Datum: _____ Email: _____	PIN: _____ _____ : _____ Beziehung: _____
Produkt: _____ Anfangs-Ziel: _____ Generelles Ziel: _____ Bis: _____	Potential ◇ ◇ ◇ ◇ ◇ Geschäft- Chance: _____

Interessen/ nächste Schritte:

_____
_____
_____
_____

Partner _____

seit: _____
Adresse: _____
Geb.Datum: _____
Email: _____

PIN: _____
_____ : _____
Beziehung: _____

Produkt: _____
Anfangs-Ziel: _____
Generelles Ziel: _____
Bis: _____

Potential ◇ ◇ ◇ ◇ ◇

Geschäft-Chance: _____

Interessen/ nächste Schritte:
_____
_____
_____
_____

Partner _____

seit: _____
Adresse: _____
Geb.Datum: _____
Email: _____

PIN: _____
_____ : _____
Beziehung: _____

Produkt: _____
Anfangs-Ziel: _____
Generelles Ziel: _____
Bis: _____

Potential ◇ ◇ ◇ ◇ ◇

Geschäft-Chance: _____

Interessen/ nächste Schritte:
_____
_____
_____
_____

Partner _____

seit: _____
Adresse: _____
Geb.Datum: _____
Email: _____

PIN: _____
_____ : _____
Beziehung: _____

Produkt: _____
Anfangs-Ziel: _____
Generelles Ziel: _____
Bis: _____

Potential ◇ ◇ ◇ ◇ ◇
Geschäft-Chance: _____

Interessen/ nächste Schritte:
_____
_____
_____
_____

Partner _____

seit: _____
Adresse: _____
Geb.Datum: _____
Email: _____

PIN: _____
_____ : _____
Beziehung: _____

Produkt: _____
Anfangs-Ziel: _____
Generelles Ziel: _____
Bis: _____

Potential ◇ ◇ ◇ ◇ ◇
Geschäft-Chance: _____

Interessen/ nächste Schritte:
_____
_____
_____
_____

Partner _____

seit: _____	PIN: _____
Adresse: _____	
Geb.Datum: _____	_____ : _____
Email: _____	Beziehung: _____
Produkt: _____	Potential ◇ ◇ ◇ ◇ ◇
Anfangs-Ziel: _____	
Generelles Ziel: _____	Geschäft-Chance: _____
Bis: _____	_____

Interessen/ nächste Schritte:
_____
_____
_____
_____

Partner _____

seit: _____	PIN: _____
Adresse: _____	
Geb.Datum: _____	_____ : _____
Email: _____	Beziehung: _____
Produkt: _____	Potential ◇ ◇ ◇ ◇ ◇
Anfangs-Ziel: _____	
Generelles Ziel: _____	Geschäft-Chance: _____
Bis: _____	_____

Interessen/ nächste Schritte:
_____
_____
_____
_____

Partner _____

seit: _____
Adresse: _____
Geb.Datum: _____
Email: _____

Produkt: _____
Anfangs-Ziel: _____
Generelles Ziel: _____
Bis: _____

PIN: _____
_____: _____
Beziehung: _____

Potential ◇ ◇ ◇ ◇ ◇

Geschäft-Chance: _____

Interessen/ nächste Schritte:
_____
_____
_____
_____

Partner _____

seit: _____
Adresse: _____
Geb.Datum: _____
Email: _____

Produkt: _____
Anfangs-Ziel: _____
Generelles Ziel: _____
Bis: _____

PIN: _____
_____: _____
Beziehung: _____

Potential ◇ ◇ ◇ ◇ ◇

Geschäft-Chance: _____

Interessen/ nächste Schritte:
_____
_____
_____
_____

CREATET BY

strazzenkatze.de

www.ingramcontent.com/pod-product-compliance
Lightning Source LLC
Chambersburg PA
CBHW080914170526
45158CB00008B/2102